U0574055

本译著的出版由 OECD 安排指定。本书非 OECD 官方译本，翻译质量与原书的一致性均由译者承担。若出现翻译与原文（英文）不符的情况，请以原文为准。

为全球胜任力而教
——在快速变革的世界培养全球胜任力

经济合作与发展组织 亚洲协会 / 著

胡　敏　郝福合 / 译

北京师范大学出版集团
BEIJING NORMAL UNIVERSITY PUBLISHING GROUP
北京师范大学出版社

原书由 OECD 与亚洲协会以英文出版，标题如下：

Teaching for Global Competence in a Rapidly Changing World ⓒ 2018 OECD/Asia Society

图书在版编目（CIP）数据

为全球胜任力而教：在快速变革的世界培养全球胜任力 / 经济合作与发展组织，亚洲协会著；胡敏，郝福合译. —北京：北京师范大学出版社，2019.11（2021.9 重印）

ISBN 978-7-303-25281-7

I.①为… II.①经…②亚…③胡…④郝… III.①教师培训 IV.①G451.2

中国版本图书馆 CIP 数据核字（2019）第 242215 号

营 销 中 心 电 话　　　010-57654738　57654736
北师大出版社职业教育与教师教育分社　　http://zjfs.bnup.com

WEI QUANQIU SHENGRENLI ER JIAO: ZAI KUAISU BIANGE DE SHIJIE
PEIYANG QUANQIU SHENGRENLI
出版发行：北京师范大学出版社　www.bnup.com
　　　　　北京市西城区新街口外大街 12-3 号
　　　　　邮政编码：100088
印　　刷：北京盛通印刷股份有限公司
经　　销：全国新华书店
开　　本：889 mm × 1194 mm　1/32
印　　张：2.75
字　　数：58 千字
版　　次：2019 年 11 月第 1 版
印　　次：2021 年 9 月第 3 次印刷
定　　价：25.00 元

策划编辑：姚贵平　　　　　　责任编辑：戴　轶
美术编辑：焦　丽　　　　　　装帧设计：焦　丽
责任校对：段立超　　　　　　责任印制：陈　涛
新航道全球胜任力研究中心组织翻译

译者序

　　全球胜任力是 21 世纪人才核心素养的重要指标，是参与全球竞争与合作的能力。

　　2018 年，由经济合作与发展组织（Organisation for Economic Co-operation and Development，OECD，简称"经合组织"）发起的国际学生评估项目（Programme for International Student Assessment，PISA）首次将全球胜任力纳入考核，并且与哈佛大学"零点计划"（Project Zero）共同发布了《PISA 全球胜任力框架》。该框架中，全球胜任力被定义为："全球胜任力是分析当地、全球和跨文化议题的能力，是理解与欣赏他人视角和世界观的能力，是与不同文化背景者进行开放、得体、有效互动的能力，是为集体福祉和可持续发展采取行动的能力。"

　　这是全球胜任力第一次出现在大型国际测评项目中。其实早在此前，已有美国、瑞典、挪威、芬兰、加拿大等国家，在教育体系中纳入与全球胜任力相关的内容。我国教育界的有识之士们也早已意识到全球胜任力的重要性，进行了积极研究与实践，清华大学已将"全球胜任力"作为人才培养的核心目标之一，融入学校的教育体系。

　　全球胜任力的前沿研究已经先行，全球性测评也已经开展，但真正落实全球胜任力的重担在教育者肩上。对于大多数一线教师而言，如何在课堂上融入全球胜任力是一项比较新的挑战。如何应对挑战？让我们先来看一个故事。

在美国伊利诺伊州的一个中学课堂上，数学教师蕾切尔·弗鲁因（Rachel Fruin）用一则药价突然飙升的新闻引发"数学知识讨论"。弗鲁因先展示了过去一段时间一种治疗哮喘的药品价格上涨的曲线，当学生预测今日的价格后，她又展示了暴涨后的当日价格，然后组织学生开展讨论。弗鲁因说，学生们非常喜欢解决这些跟真实世界相关的数学问题，在这个真实事件中，他们接触到的是有关社会公平的数学问题。

通过这个案例，我们可以分析教师如何应对"教授"全球胜任力的挑战。第一，提升全球胜任力，并不意味着要开设一门叫作"全球胜任力"的新课程，而是可以将这个目标放入现有课程。就单个学科而言，数学课可以，人文类课程也可以。当然，由于全球胜任力涉及广泛的议题，所以也非常适合跨学科开展，比如多个学科联合起来，创建交叉课题，然后从每个学科的视角进行探讨。

第二，每位教师都可以培养学生的全球胜任力，但所起的作用可能不同。对于不熟悉全球胜任力的教师而言，首先是进行自我提升，其次可以从一些简单易行的方面着手，比如让学生了解联合国 17 项可持续发展目标，用自己的方式理解提出这些目标的原因以及实现它们的策略。其实还有一种情况是，一些教师或许已经在传递全球胜任力的要素但自己没有意识到，也因此并没有在这个方向上持续深入。

最近三四年，我们的团队一直在做全球胜任力的研究和实践推广，并且于 2018 年 8 月成立新航道全球胜任力研究中心，在《基础教育课程》《中国教育报》《青年文摘》等媒体上刊发了十几篇文章，今年还出版了国内第一本全球胜任力专著，介绍和诠释全球胜任力。在这个过程中，我们发现，一方面，培养具有全球胜任力的青少年在教育界拥有越来越多的共识；另一方面，挑战对于一线教师是真实存在的。因此，我们提出全球胜任力的教育者培训计划，并且组织翻译"全球胜任力丛书"。

在整个过程中，感谢经合组织教育与技能司司长安德烈亚斯·施莱歇尔（Andreas Schleicher）先生和亚洲协会（Asia Society）副会长、全球教育中心主任安东尼·杰克逊（Anthony Jackson）博士，两位及其团队的信任与支持使得本项目得以开启；感谢北京师范大学出版社职业教育与教师教育分社社长姚贵平先生及相关工作人员，他们的高效工作使得本书得以及时出版；还要感谢我的长期合作伙伴郝福合副教授细致入微的全程翻译，以及我们中心所有人员参与的联络与辅助工作。

最后，我们由衷地希望以这套丛书为媒介，可以帮助中国教育者进行系统培训，进而在课堂和各种教育场景中培养与提升青少年的全球胜任力。

胡　敏

2019 年 10 月 16 日

前　言

　　多年来，世界各地的教师和教育系统一直致力于重新评估学生在复杂多变的当今世界获得成功所需的知识、技能和品性。联合国各成员国于 2015 年通过了可持续发展目标（SDGs），经合组织各成员国于 2018 年开展了国际学生评估项目（PISA）。在取得全球共识的非凡时刻，两个机构均把培养全球公民素养和全球胜任力列为优先目标。

　　2018 年，经合组织将全球胜任力评估纳入 PISA。PISA 是一项国际调查，每三年开展一次，旨在通过测试 15 岁学生的技能和知识，评估世界各地的教育系统。PISA 2018 全球胜任力评估反映出在当今经济全球化和多元文化社会中生存与成功，学生的准备度如何。所得数据有助于教育系统找到行之有效的做法，以及需要采取的目标更明确、体系更完备的措施，以确保培养所有学生的全球胜任力。

　　世界上许多国家已着手将全球胜任力纳入中小学教育。但是，如果对全球胜任力的界定、对全球胜任力教学和评估缺乏广泛的认知，教师和教育系统则无法为所有学生提供全球胜任力和全球公民素养的规模教育，无法对培养学生融入当今互联世界的教学效果进行评估。

在制定《PISA 全球胜任力框架》的过程中，经合组织对全球胜任力的相关研究和文献进行了全面回顾，其中包括亚洲协会全球教育中心对中小学教育全球胜任力的界定，该定义见于《全球胜任力教育：培养青少年融入世界的能力》（2011）（*Educating for Global Competence: Preparing Our Youth to Engage the World*），作者是来自哈佛大学"零点计划"的韦罗妮卡·博伊克斯·曼西利亚（Veronica Boix Mansilla）与来自全球教育中心的安东尼·杰克逊（Anthony Jackson）。

这本新书提出了《PISA 全球胜任力框架》，这是由经合组织严格依照全球教育中心所下定义而制订的。基于该中心在协助教师将全球胜任力融入教学方面的丰富经验，本书也将提供实际指导和范例，帮助教师将全球胜任力纳入现有课程、教学和评估。

我们感谢世界各地教师做出的贡献，他们由多家网络和机构推荐。其中，很多网络和机构也为本书的写作提供了专业指导。它们包括：亚洲协会国际学习学校网络（International Studies Schools Network，ISSN）及全球城市教育网络（Global Cities Education Network，GCEN）的全球教育中心，经合组织教育 2030 非正式工作小组（OECD Education 2030 Informal Working Group）及经合组织日本创新学校网络（OECD Japan Innovative Schools Network），联合国教科文组织联系学校项目网络（Associated Schools Project Network，ASPnet），甘地和平与可持续发展教育研究所（Mahatma Gandhi Institute of Education for Peace and Sustainable Development，MGIEP），亚太地区国际理解教育中心（Asia-Pacific Centre of Education for International Understanding，APCEIU），瓦尔基基金会（Varkey Foundation），布鲁金斯学会环球教育中心（Center for Universal Education，CUE），学习指标特别工作组全球公民素养教育工作小组（Learning Metrics Task Force Global Citizenship Education Working Group），英国文化协会（British Council），"美丽世界"项目（Teach for All），国际文凭组织（International Baccalaureate Organization），国际学校委员会（Council of International Schools），AFS国际文化交流组织（AFS International），阿加汉基金会（Aga Khan Foundation），托尼·布莱尔全球变化研究所（Tony Blair Institute for Global Change），国际教育资源网（iEARN），"精通世界"教育项目（World Savvy），"一手资料"教育组织（Primary Source），"伟大决心"计划（High Resolves），以及世界各地的教育部门。

本书主要执笔人是理查德·李·科尔文（Richard Lee Colvin）和弗吉尼娅·爱德华兹（Virginia Edwards）。来自全球教育中心的亚历克西丝·门腾（Alexis Menten）携手来自经合组织的马里奥·皮亚琴蒂尼（Mario Piacentini），为本书的编写和出版提供指导。

我们感谢花旗集团基金会（Citi Foundation）对本书的编写、出版和宣传所提供的支持。

——安东尼·杰克逊（Anthony Jackson）

亚洲协会副会长，全球教育中心主任

——安德烈亚斯·施莱歇尔（Andreas Schleicher）

OECD 教育与技能司司长，秘书长教育政策特别顾问

内容提要

经济、文化、科技、环境和政治力量不可阻挡，正影响着地球上的每个人，各国和各民族的相互依赖程度之高前所未有。要对这些力量做出有效回应，减轻危害，或用之为利，需要个人能够并且真正同时参与本地、国家和全球的公民生活，达成并实施创造性的跨国解决方案。简言之，个人和社会若要赢得未来，学校须培养当代学生，使之具备全球胜任力。

数年来，经合组织和亚洲协会全球教育中心与全球教育领域的学者、教师、参与者通力合作，对适用于中小学教育的全球胜任力加以界定。

经合组织和亚洲协会全球教育中心确定，全球胜任力具有四个重要维度。具备全球胜任力的青少年应当：

（1）分析具有当地、全球和跨文化重要意义的议题，探究自身环境以外的世界；

（2）认可、理解并欣赏他人的视角和世界观；

（3）参与开放、得体、有效的跨文化互动，与各种人有效地交流思想；

（4）为本地、全球的集体福祉和可持续发展采取行动。

学生全球胜任力评估被纳入经合组织 2018 年国际学生评估项目（PISA），下述定义构成其基础：

全球胜任力是分析当地、全球和跨文化议题的能力，是理解与欣赏他人视角和世界观的能力，是与不同文化背景者进行开放、得体、有效互动的能力，是为集体福祉和可持续发展采取行动的能力。

PISA 是一项国际调查，每三年开展一次，旨在通过测试 15 岁学生的技能和知识，评估世界各地的教育系统。2015 年，有超过 50 万的学生代表来自 72 个国家和地区的 2800 万 15 岁的孩子参加了这项经国际认可、时长为两小时的测试。

PISA 2018 全球胜任力评估旨在收集数据，说明学生对下述情况的准备度：分析具有当地、全球和跨文化重要意义的时代议题，在多元文化社会中生活。同时，该评估旨在找到全球化教育的有效做法，以促使教师目的更明确、体系更完备地开展全球胜任力教育。

本书将阐释全球胜任力的定义及其对教育的启示；描述该评估及旨在衡量的内容；以教师的各种做法为例，概述培养学生全球胜任力的相关教学方法，使学生能够在急速变革的世界取得成功。

全球胜任力涉及多个层面，包括认知发展、社会情感技能和公民学习。全球胜任力有四个交叉维度，学生需培养这些维度，以便在所处社会、其他地区和国家与人面对面以及以虚拟方式进行成功互动。同时，学生需掌握这些维度中的各项技能，以便分析具有当地和全球重要意义的议题，并努力寻求解决方案。

第一个维度是，能够批判性地分析各项议题，如贫困、贸易、移民、不平等、环境正义、冲突、文化差异、刻板印象。第二个维度是，能够理解与欣赏不同的视角和世界观。第三个维度是，能够与不同国家、社会、种族、宗教背景以及不同性别的人进行积极互动。第四个维度以前三个维度为基础，强调愿意为解决可持续发展和福祉问题而采取建设性的行动。以上所述即全球胜任力这一概念的四个方面。

PISA 2018 全球胜任力评估包括两部分内容——认知评估和学生问卷。认知评估衡量学生能够在多大程度上运用自己的知识及全球议题和文化差异的相关经验，理解各种情境中出现的具体案例。学生问卷旨在收集信息，说明学生的态度、知识、技能，以及了解其他文化和全球议题的机会。

各个国家、基金会、学者、教师和国际组织已着手培养学生的知识、技能、态度和价值观等全球胜任力的构成要素。他们通过独立课程，比如贫困及其成因的相关课程，或气候变化科学，培养全球胜任力。但更为常见的做法是，教师利用每个科目所探讨的交叉主题，或者改造现有课程，以涵盖全球视角，研究全球议题，将全球教育融入课程。

无论融入什么科目，也无论利用什么教学手段加以培养，全球胜任力都需要可促进学生参与和互动的课堂文化。在这种文化中，学生认为自己能够表达不同视角，与同学和教师以建设性的方式讨论复杂话题。

全球胜任力的教学手段

■ 结构化辩论（Structured debates）：通过让学生小组为全球议题的对立立场进行辩护，为学生提供机会，使其深入探究课题，同时锻炼其交际能力。

■ 有组织的讨论（Organized discussions）：帮助学生学会表达个人视角，运用证据支持个人观点，为理解而倾听，遇到新的信息愿意改变个人想法。

■ 时事学习（Learning from current events）：帮助学生了解世界各地的时事，以及这些时事与课堂学习的关联。

■ 游戏式学习（Learning from play）：要求参与的学生遵守规则，团队协作，为寻求解决方案与他人合作。

■ 项目式学习（Project-based learning）：让学生结组，开展专业人士在校外环境中所从事的真实项目；要求学生做出筹划，进行尊重式沟通，考虑他人视角，管控矛盾，具备适应能力。

■ 服务式学习（Service learning）：让学生参与并反思一项惠及社区的有组织的活动，以加深对课堂所学课题或视角的认知。

如果全球胜任力成为社区、州省、国家或地区整个教育系统的工作重心，那么青少年全球胜任力教育所需的根本变革将更有可能成为学校一切工作的必要内容。这些变革将影响课程设计和教学方式。

尽管挑战巨大，需求日益迫切，但是全球胜任力教育并不需要资源的大量输入，也不需要英勇非凡的教师。不过，力图在当今互联世界取得成功的国家和地区拥有一个重要机会：可致力于教师的专业发展，让全球胜任力成为教育实践核心不可或缺的内容。

"培养学生的全球胜任力简单可行，并未超出一般教师的能力范围。"全球教育中心主任安东尼·杰克逊表示，"全球胜任力教育正在世界各地开展。但是，为了培养每名学生，特别是那些被极度边缘化的学生，激发教师的创造性并提升其能力，均需采取体系完备得多的措施。"

目　录

引　论

　　马雷可·哈希默（Mareike Hachemer）是德国威斯巴登市的英语、德语和戏剧教师。德语课程的一个必修单元涉及影响世界的人物，她在讲授时首次将全球胜任力融入教学。此前，她以传统方式教授这堂课：让年龄为 15 岁和 16 岁的学生阅读名人及其伟大成就的相关资料，讨论学习心得，撰写报告，然后继续下一话题。

　　这一次，她希望学生与学习内容之间建立起更深入、更个性化的联结。她希望学生认识到，他们虽是学生，但同样可对学校、家庭、社区乃至世界产生积极影响。哈希默让学生了解梅拉蒂·维森（Melati Wijsen）和伊莎贝尔·维森（Isabel Wijsen）这样的年轻人，她们时年仅有 12 岁和 10 岁，即发起一项运动：禁用塑料袋，以减少巴厘岛产生的垃圾量。她们表示，一些人物对世界产生了影响，比如参与反地雷运动的戴安娜王妃，领导非暴力抵抗运动、争取印度独立的圣雄甘地。

她们因此受到激励。"在了解这些有影响力的人物时，我们也希望产生影响。"伊莎贝尔·维森在视频访谈中说道，"为什么我们要等到长大后再去发挥影响力呢？我们希望现在就有所作为。"

哈希默对学生们也抱有同样的期望。"我希望他们不只限于讨论"，"而是去切实发挥影响力"。

但是学生们怀疑自己的能力。当要求确定重大世界议题时，学生们给出的回答并不令人惊讶：战争、贫困、饥荒、难民、气候变化等。当她询问学生是否认为自己能够针对这些议题有所行动时，学生们明确表示，"不能"。这些问题过于重大，非青少年所能解决，而是需要所有人一起应对。

为了改变他们的想法，她让每名学生确定一个当地问题，并制订一项解决方案。她帮助学生确立目标，明确成就，预判困难，决定汇集所需资源的途径。学生们的项目包括：参加动物救助站的志愿服务，和无家可归者一起吃午饭并倾听他们的故事，与幼儿园的小朋友分享营养建议，指导孩子们踢足球。

哈希默的教学方法立足本地社区，帮助学生分析具有当地、全球和跨文化重要意义的议题，同时为集体福祉和可持续发展在当地和全球范围内采取行动。

"效能是我们所能教给学生的最好东西。"哈希默表示，"如果他们知道，只要有所行动，就会有所改变，即使微不足道，下一次也会变得更为重要。"

自此，她参加了一项由教师引领的国际志愿工作，帮助教师将联合国的 17 项可持续发展目标融入课程，以普及教育，消除贫困，保护环境，实现性别平等，改善医疗条件，为所有人创造繁荣。她撰写了大量的有关可持续发展目标的著作，在世界各地的会议上阐述如何培养学生的全球胜任力，并且为教师在线授课。

"我们希望向教师表明，学习每个单元时，学生都可以做研究，并采取相关行动。"她表示，"学习越具有现实意义，效果就会越好。我们为何不教给学生可以去改善世界的技能呢？"

世界各地的教师和学校正努力帮助学生获得构成全球胜任力的知识、技能、态度和价值观，规模或大或小，方式包括独立行动以及与人合作。在美国弗吉尼亚州的一所学校，生物课上学生通过研究西非埃博拉疫情以及该地区的药物治疗条件，了解到世界是密不可分的。为了获得对第二次世界大战新的认知视角，日本广岛（第二次世界大战末期曾毁于原子弹）的学生去参观珍珠港阵亡将士纪念碑。挪威卑尔根市一所中学的学生利用通信技术就枪击事件采访美国芝加哥的一名警官，就种族隔离经历采访南非民众，就"冷战"视角采访俄罗斯老人。印度查谟市的政治课上，学生通过与生活在附近的缅甸难民交谈，了解到人们因战乱、压迫、迫害和饥荒而流离失所这一全球问题。

"学习越具有现实意义，效果就会越好。我们为何不教给学生可以去改善世界的技能呢？"

查谟学生的体验与全球胜任力的另外两个维度相关：认可、理解并欣赏他人的视角和世界观，与不同文化和背景者进行开放、得体、有效的交流和互动。

"我们需要带学生走出校园，去亲身体验，让他们获得课堂以外的真正的教育。"查谟的政治课教师穆宾·布特（Mubeen

Butt）讲道，"让他们去面对外面的大千世界吧。让他们去获得体验吧。他们由此学到的知识将终生不忘……将帮助他们成为真正意义的世界公民。"

全球胜任力教育并非全新理念。几十年来，众多学者、教师和其他人士一直倡导通过教育目的更明确地培养全球胜任力。2002年，由47个国家组成的欧洲委员会通过《马斯特里赫特全球教育宣言》（*Maastricht Global Education Declaration*）。这一全球教育框架旨在"让人们去审视和思考世界的现实问题，激发他们去开创一个更为公正合理、人人享有人权的世界"。该宣言称，全球教育包括"人权、可持续发展、和平与冲突预防、跨文化、公民素养教育"[2]。

近来，制定本报告的机构已出版相关著作，对全球胜任力教育的必要性与维度加以分析，包括全球教育中心的《全球胜任力教育——培养青少年融入世界的能力》（*Educating for Global Competence：Preparing Our Youth to Engage the World*）[3] 以及经合组织的《未来世界青少年行动指南——PISA 如何评估全球胜任力》（*Preparing Our Youth for an Inclusive and Sustainable World：The OECO PISA Global Competence Framework*）[4]。

随着科技让全球通信变得更为便捷，随着世界各地的联系变得更为紧密，学生掌握全球胜任力技能的迫切需要得到普遍认可。2015年，联合国大会的193个成员国通过可持续发展目标，动员各国政府、非政府组织以及个人为在2030年以前实现减贫和提高生活质量的共同目标而努力。可持续发展目标4.7聚焦教育，呼吁培养全球胜任力："确保到2030年，所有学习者皆可习得促进可持续发展所需的知识和技能，其途径包括但不限于以下方面的教育：可持续发展和可持续的生活方式，人权，性别平等，弘扬和平与非暴力文化，世界公民素养，重视文化多样性和文化对可持续发展的贡献。"[5]

在这些宣言的鼓励下，许多教师、学校网络、学校系统、机构、州省和国家正以不同方式帮助学生采取行动，推动可持续发展目标的实现。

专注于培养全球胜任力的学校网络

通过其全球城市教育网络和来自国际学习学校网络的超过 50 所的美国学校，全球教育中心已经与北美和亚洲各地的城市教育系统开展合作，所服务的学生据估计达 500 万人。在这些学校，全球胜任力包括有创造力和有参与意识的公民用以应对世界问题、把握世界机遇所需的知识、技能和品性。全球教育中心为学校发展提供支持，为学校领导提供管理培训，为教师提供专业发展，使教师能够将全球胜任力融入各年龄的课程。

来自"国际文凭项目"的 4800 多所学校在世界各国开展工作，帮助学生"发展心智、个性、情感以及社交技能，以便在快速国际化的世界生活、学习和工作"。

联合国教科文组织联系学校项目网络为 180 个国家的超过 9900 个教育机构提供支持。后者正利用创新手段，帮助学生迎接社会、经济、文化和环境的复杂挑战。这些挑战无法单凭本地力量去理解和解决，而是需要跨国合作。

在普遍开展全球胜任力教育的背景下，经合组织将全球胜任力评估纳入 2018 年 PISA。PISA 是一项国际调查，每三年开展一次，旨在通过测试 15 岁学生的技能和知识，评估世界各地的教育体系。2015 年，有超过 50 万的学生代表来自 72 个国家和地区的 2800 万 15 岁的孩子参加了这项经国际认可、时长为两小时的测试。

本评估所依据的全球胜任力定义如下：

> 全球胜任力是分析当地、全球和跨文化议题的能力，是理解与欣赏他人视角和世界观的能力，是与不同文化背景者进行开放、得体、有效互动的能力，是为集体福祉和可持续发展采取行动的能力。

该评估的目的在于收集数据，说明为分析具有当地、全球和跨文化重要意义的时代议题，为在多元文化社会中生活，学生的准备度如何。同时，该评估旨在找到全球教育的有效做法，促使教师目的更明确、体系更完备地开展全球胜任力教育。

"在多大程度上实现联合国可持续发展目标所勾勒的愿景，将取决于今天的课堂；确保可持续发展目标成为与公民订立的真正社会契约，教师是关键所在。"经合组织教育与技能司司长安德烈亚斯·施莱歇尔表示，"第四项目标承诺让所有人获得优质教育，其宗旨并不限于读写能力、数学素养和科学素养等基础知识和技能，而是强调学会以可持续发展的方式共同生活。但是，这些目标只有显性化才有意义。"

本书将阐释全球胜任力的定义及其对教育的启示；描述该评估及其旨在衡量的内容；以教师的各种做法为例，概述培养学生全球胜任力的相关教学方法，范例中的教师正在培养学生，使之能够在急速变革的世界取得成功。

本书的写作以下列机构和学者的工作为基础：经合组织、亚洲协会全球教育中心、联合国教科文组织、欧洲委员会、哈佛大学"零点计划"，以及教育领域的其他领先机构和学者。此外，来自世界各地致力于培养学生全球胜任力的教师就教学实践接受了访谈，也对本书做出了贡献。

值得指出的是，培养学生的全球胜任力并不需要在现有课程体系中增加新科目。按照韦罗妮卡·博伊克斯·曼西利亚（哈佛大学"零点计划"首席研究员、《PISA 全球胜任力框架》制定专家之一）的说法，教师应把全球胜任力教育视为对现有科目教学的拓展，涉及教会学生对所学任何内容提出疑问："为什么这项内容对我，对我所在地区和人们，对世界来说很重要呢？"她说："这涉及将本地和全球相关联的习惯取向。"

尽管挑战巨大，需求日益迫切，但是全球胜任力教育并不需要资源的大量输入，也不需要英勇非凡的教师。不过，力图在当今的互联世界取得成功的国家和地区拥有一个重要机会：可致力于教师的专业发展，让全球胜任力成为教育实践核心不可或缺的内容。

"这涉及将本地和全球相关联的习惯取向。"

"培养学生的全球胜任力简单可行，并未超出普通教师的能力范围。"全球教育中心主任安东尼·杰克逊表示，"全球胜任力教育正在世界各地开展。但是，为了培养每名学生，特别是在每个国家被极度边缘化的学生，激发教师的创造性并提升其能力，均需采取体系完备得多的措施。"

为何培养全球胜任力？

经济、文化、科技、环境和政治力量不可阻挡，正影响着地球上的每个人，各国和各民族的相互依赖程度之高前所未有。要对这些力量做出有效回应，减轻其危害，或用之为利，需要个人能够并且真正同时参与地区、国家和全球的公民生活，达成并实施创造性的跨国解决方案。简言之，个人和社会若要赢得未来，学校须培养当代学生，使之具备全球胜任力。

全球胜任力为培养全球经济的就业力所必需。今天的学生一旦步入职场，就要和世界交流。正如联合国所称，他们将"就职于国际公司，参与国际贸易；与世界各地的同侪开展跨国项目合作；应对全球问题（如灾难、疾病、气候变化）；与各种文化背景的雇员合作；与世界各地的同侪竞争工作和市场"[6]。

为了有效参与日益复杂多元、相互依赖的全球经济，学生需要具备熟练的读写能力，具备分析形势、创造性解决新问题的能力。他们需要熟悉工程、商务、科技、历史、政治、环境等领域具有全球重要意义的议题。同时，学生需要适应陌生环境，乐于向他人学习。

全球胜任力为在多元文化社会中合作生活所必需。今天的学生成长于因史无前例的全球移民而日益多元的社会。他们和各国、各地区的孩子一起学习，必须能够向其他文化背景者（说其他语言或秉持不同的价值观、信仰的人）学习。他们需理解这些差异，学会将其视作惠及整个社会的潜在财富，而不是威胁。同时，他们需反思自己的世界观，并意识到仇外心理和宗教极端思想的危害。

这并不意味着人们应放弃自己的身份认同、传统或历史。相反，这意味着他们应认识到，其他文化也同样具有影响其世界观的传统和历史。交流时，他们应能够预见不同背景者可能以何种方式接受其语言、形象或观点。他们需要为理解，而不是为评判而倾听。尽管存在差异，他们应能够发现共识；他们应善于看到共性，而不是动辄就看到过错。要在日益多元的社会成功生活，上述所有能力都至关重要。

全球胜任力为年轻人利用新旧媒体开展有效、负责任的交流和学习所必需。任何人都可以利用智能手机或网络与身处世界任何地方、具备同样条件的人进行即时而经济的交流。先进的通信条件为相互学习、彼此理解、解决共同问题提供了便利。然而，显而易见的是，社交媒体也同样使人们可以远离观点不同者，拒受影响。网络匿名降低了表达宗教极端观点、种族主义和种族仇恨情绪所带来的潜在风险或尴尬局面。这些条件同样也给思想过于偏颇、带有偏见或"虚假"的新闻创造了适宜的环境。通信手段正在让解决全球议题所需的准确信息更加畅通，但与此同时，也给人们接受另类现实提供了便利。唯一的良方是媒体素养。学校须帮助学生学会区分误导性宣传与可靠信息。同时，年轻人需要学会如何在线上和线下建设性地表达个人观点。

全球胜任力为实现联合国可持续发展目标所必需。 17 项可持续发展目标的宗旨是，团结联合国各成员国，围绕共同议程，致力于减贫，以可持续发展的方式提高生活质量。其中有些目标与气候变化、经济不平等、创新、和平、正义相关。对于实现所有可持续发展目标而言，教育至关重要。全球胜任力教育可帮助年青一代参与应对乃至解决社会、政治、经济和环境挑战（这些挑战已在可持续发展目标中列出，到 2030 年前要加以解决）。

培养当代学生，使之能够在日益相互依赖的世界（其特点是市场国际化，移民规模史无前例，经济不平等现象日渐突出，种族、宗教矛盾和暴力事件不断增多，环境发生巨变）生存并取得成功，要求教育的转型。世界各地的许多学校和学校系统尚未着手实行所需的教育变革，但一些教师和学校正在引领方向。

何谓全球胜任力？

多年来，关于全球胜任力，不同的教师、学者、政府部门、倡议团体已提出众多定义，其中包括跨文化教育、全球公民素养教育、21世纪技能、深度学习、社会情感学习等理念。

全球胜任力涉及多个层面，包括认知发展、社会情感技能和公民学习。全球胜任力有四个交叉维度，学生需培养这些维度，以便在所处社会、其他地区和国家与人面对面以及以虚拟方式进行成功互动。同时，学生需掌握这些维度中的各项技能，以便分析具有地区和全球重要意义的议题，并努力寻求解决方案。

第一个维度是，能够批判性地分析各项议题，如贫困、贸易、移民、不平等、环境正义、冲突、文化差异、刻板印象。第二个维度是，能够理解与欣赏不同的视角和世界观。第三个维度是，能够与不同国家、社会、种族、宗教背景以及不同性别的人进行积极互动。第四个维度以前三个维度为基础，强调愿意为解决可持续发展和福祉问题而采取建设性的行动。以上所述即全球胜任力这一概念的四个方面。

具备全球胜任力的学生懂得世界是一个不可分割的整体，产生全球影响的不仅有国家行动，也有个人行动。他们认识到人类与环境密切相关；他们懂得人们定居此地的原因；他们熟悉当地经济，了解当地经济如何受到全球经济力量的影响；他们视历史为不断演进的篇章，有许多脉络，而不是一系列互无关联的事件；他们意识到医生、科学家和决策者正努力回答的重大问题，认识到阻碍或推动进步的力量；他们熟悉文化的共性与差异。

经合组织和亚洲协会全球教育中心确定，全球胜任力具有四个重要维度。具备全球胜任力的青少年应当：

（1）分析具有当地、全球和跨文化重要意义的议题，探究自身环境以外的世界；

（2）认可、理解并欣赏他人的视角和世界观；

（3）参与开放、得体、有效的跨文化互动，与各种人有效地交流思想；

（4）为本地、全球的集体福祉和可持续发展采取行动。

按照亚洲协会全球教育中心的界定，全球胜任力是四个范畴（探究世界、认可视角、交流思想、采取行动）的统一。

按照PISA框架的界定，全球胜任力是四个维度（分析议题、理解视角、参与互动、采取行动）的统一，每个维度均需同时掌握相关知识、技能、态度和价值观。

教师若将全球胜任力的四个维度融入所授科目，可帮助学生做到如下方面。

分析具有当地、全球和跨文化重要意义的议题

学生应能够运用自己的知识，就贫困与经济机遇、移民、不平等、环境风险、冲突、文化差异、刻板印象等议题，形成有充分依据的观点。他们可运用学到的数学、文学、音乐、媒体与视觉艺术、科学、历史等知识，提出问题，分析数据，评估论据和反驳理由，阐释事件和形势。同时，他们能够遴选并提出相关论据，以支持个人观点。为了具有信服力，学生应能够依据来源，确定信息是否可靠，同时利用各种新媒体表达观点。

范例：探究当地和全球议题

在澳大利亚墨尔本市外的埃尔特姆中学，学生对各类议题加以探究；制订解决方案；与社区成员、大学教师、本地或国家政府代表讨论解决方案；在有些情况下，完成学校作业之余，继续努力对议题发挥影响。

"本课程的一个促成因素是，按以往的教法，学生无法学以致用。"教师洛伦·克拉克（Loren Clarke）表示，"如今，我们教授更多解决问题的方法，让学生明确自己在世界所处的位置。"

在涉及有争议议题的一个单元，学生了解核能或干细胞研究、世界各地饥荒的解决途径，或者艾滋病防治

的资金投入。"他们要理解议题的正反两面，针对议题做出明智判断。"克拉克说道。

例如，20 年来，澳大利亚交通委员会一直在播出反酒驾和反超速的宣传视频，有时，视频中会出现撞车事故和伤亡的直观镜头。埃尔特姆中学的学生与年龄为 17 岁和 18 岁的同学一起研究这些宣传片所起的作用，然后和交通委员会分享研究成果。在另一项目中，一名学生对骑行及其益处加以研究，然后努力提高整个社区的参与度。

理解与欣赏他人的视角和世界观

具备全球胜任力的学生常以多重视角审视全球问题和他人行为。他们乐于了解其他文化的历史、价值观、交际方式、信仰、习俗，以及以上种种如何影响人们的世界观。他们懂得权力、财富和学习条件等方面的差异如何影响个人和社会群体的机遇。他们学会认识到自己的观点和行为也受到个人经历、家族历史以及自己如何理解这段历史的影响。

具备全球胜任力的学生对他人情况提出疑问，而不是进行臆断。他们认识到，人们拥有众多共性，所有人都有某些需求，都应享受基本人权，使之能够跨越分歧。这并不意味着一旦认可他人的文化和观念，就要放弃自己的身份认同；而是意味着减少接受刻板印象的可能性，加强作为个人而不是仅仅作为群体成员与他人互动的意愿。

范例：理解信仰和身份认同

美国弗吉尼亚州的英文教师帕特里克·莫尔斯（Patrick Morse）教授十年级世界文学课。学生大多信仰基督教，他希望他们对伊斯兰教有更多了解。同时，他希望学生认识到，人们的信仰经常受到个人经历的考验。

因此，他选择让学生阅读一个伊朗女孩的自传体漫画作品。作者在巴列维王朝的统治下长大，经历过 1979 年的伊斯兰革命，后来赴欧。她脱离家庭，获得独立，但是一直在寻找自己的身份认同。最终，她返回自己的精神家园——伊朗。

书名是《我在伊朗长大》（Persepolis），以法语写成，作者是玛嘉·莎塔碧（Marjane Satrapi）。该书在美国成为被广为使用的教材，但同时因其对极端主义和暴力的描述而受到争议。该书在伊朗遭到查禁。

为了解该书的背景，莫尔斯让学生们探究伊斯兰革命爆发前后的伊朗历史、政治和文化，找出两个时期的共性与差异。学生们观看了一部伊朗的纪录片，收听了一位伊朗基督教徒的播客。这样做有助于学生理解主人公竭力做乖女儿、女人、伊朗人和穆斯林的历程。"一学年的基本问题就是，她是如何走过这一历程而找到身份认同的。"莫尔斯说道，"这便是我们所读每一部分内容的首要问题。"

莫尔斯希望学生们思考非基督教徒如何描述基督教，以及学生们的感受。

进行开放、得体、有效的跨文化互动

具备全球胜任力的学生懂得，不同文化背景者的互动方式可能存在差异。同时，他们努力使自己的行为和沟通方式适应对方的规范。他们谨慎地表达观点，表明需求，提出疑问，试图改变对方看法或处理意见分歧。他们体察别人的需求和感受，有好奇心，对别人的想法抱有真诚的兴趣。

范例：跨文化交流

在常规课堂上，教师可采取几个步骤，创造机会让学生相互学习。教师可组建多元文化项目团队，帮助学生确立合作规范，重视并鼓励表现全球胜任力的互动，要求学生分享在活动中对彼此的了解。

例如，两名不同文化背景的学生合作一个学校项目，若做到以下各点，则表现出全球胜任力：增进相互了解，乐于接受彼此的视角，努力消除误解，明确表达想法和反应，总结项目与合作的心得，以便用于今后校内外的互动。

在挪威卑尔根市罗特豪根中学，泰耶·彼得森（Terje Pedersen）教授英文与社会研究课。作为课程的部分内容，学生们经常与其他国家的人士开展对话。他们首先探究一项议题，提出疑问，然后通过网络与不同文化背景者进行讨论。例如，学生们从当地报纸上读到，在印度一些地区，女孩受教育面临困难。他们借助报纸报道、视频、播客以及通过网络找到的其他资料，对该议题加以研究，然后与印度一所女子学校的学生开展讨论。

自此，彼得森拓展了自己的全球网络，将世界各地的教师（让他们的学生与自己的学生开展对话）纳入其中，同时，学生们与下列人士开展对话：一名芝加哥警官，一位纽约布鲁克林的政治家，一对经历过"冷战"的俄罗斯老夫妻，一些遭受过南非种族隔离的人。

通过与世界各地的人士交谈，彼得森的学生逐渐拥有文化敏感性，培养了同理心，获得了多重视角。"学生需要与世界各地的人们交往。"他说，"我们需要给他们提供了解不同视角的手段。另外，他们喜欢和同辈讨论问题。"

为集体福祉和可持续发展采取行动

具备全球胜任力者能够对当地、全球、跨文化议题或形势做出有效和负责任的回应。学生虽然年纪小，但同样可以带来积极改变，影响朋友、社区成年人以及与之网上交流的人。当他人权利或尊严遭受威胁时，具备全球胜任力的学生敢于提供支持。他们研究各项议题，思考如何以个人方式或组织他人的方式做出贡献。他们感到有能力和责任尽力帮助他人，无论是筹款赈灾还是研究社区的环境问题，需要帮助提高本地官员和商界领袖的环保意识。

范例：分析腐败的影响

在墨西哥城市外的一所私立中学，桑德拉·阿雷东多·罗德里格斯（Sandra Arredondo Rodriguez）教授"墨西哥与全球议程"。她希望学生通过活动学习法治概念，了解如何在民主国家做一名行动积极的公民。她让学生了解联合国可持续发展目标，帮助他们理解社会正义的理念。同时，她希望学生认识到，他们能够在社区发挥影响。"我们不必去另一国家才能了解贫困或者社会正义的相关议题。"她说，"我们在身边的社区就能了解。"

有一个单元要教授学生评估一项政治、社会或经济方面的挑战，然后制订解决方案。作为部分内容，她让学生与另一所中学的学生合作。该校学生主要来自本地区低收入家庭。他们的项目是就公众对腐败的态度和遭遇腐败的经历，设计并开展一项调查。他们了解到，两地约有75%的民众都曾身受腐败之害，但因腐败现象屡见不鲜，很多人见怪不怪。同时，学生们发现，很多人虽认识到腐败现象是不正当的，却并未采取任何行动，原因或是他们感到无能为力，或是他们不知如何有效投诉，不知如何寻求解决方法。

于是，罗德里格斯的学生们制订了一项减腐方案，提交给当地官员。"他们通常没有发声机会，他们学到的东西都不切实际，因此一旦采取实际行动，传达出自己的声音，他们就体会到发挥影响力的真实感受，也增强了信心。" 罗德里格斯说道。

在评价学生积极探究身边世界的活动时，罗德里格斯说道："这就是民主的全部内涵。每个人都是或即将成为社会的一分子，都需要参与社会。"

上述范例表明，全球胜任力不为少数人所专属，不是只为因私或因公到访其他国家和大洲的精英们所必需。每个人，无论是生活在大都市，还是偏远乡村，都受到全球气候、国际贸易、移民现象以及国际冲突的影响。并非只有当学生毕业、访问别国、遇见不同国籍者或与之合作时，全球胜任力才会被派上用场。如范例所示，全球胜任力的四个维度可在任何课堂、教授任何科目时得到培养和训练。教师的作用在于创建课堂文化，让这类互动成为日常活动，让学生接触更为宏观的全球议题和趋势，对所学与所用技能产生明确认知。

学生全球胜任力评估

国际学生评估项目（PISA）

2014年，PISA理事会召集了一个由不同国家专家组成的跨学科团队，思考一个颇具吸引力的问题：可否运用一项国际评估，对世界各地15岁青少年的全球胜任力进行衡量？

考虑到中学毕业后，学生要面对充满挑战的复杂世界，培养他们的应对能力十分重要，因此，尽管存在重重挑战，PISA理事会仍决定委托开发全球胜任力评估。79个PISA参与国（地区）合作制订评估标准，不仅用于衡量学生在多元文化社会中生活的准备度，而且旨在确定全球教育的有效做法，推动联合国可持续发展目标的实现。

全球胜任力评估成为2018年度PISA项目的一部分，反映的是学校、学校系统以及国家在多大程度上培养年轻人为和平、多元社会的发展做出贡献。评估提供数据，说明各地在多大程度上帮助年轻人理解所在社区以及所在社区以外的世界，和他人进行尊重式互动，为创建可持续发展、助力居民成功的社区而采取行动。

全球胜任力评估的价值同时在于，该评估替世界各地的教师证明，全球胜任力至关重要，可为学生及所在国家（地区）开创公正、繁荣、无冲突的未来。

该评估由两部分构成：认知评估和学生问卷。同时，也要求教师、学校领导和家长完成一份调查问卷。

认知评估

时长为一小时的认知评估并非知识测试：不询问学生过去30年全球气温的确切变化，或者特定土著群体所说的语言。相反，其目的在于评估学生能够在多大程度上运用全球议题和文化差异的相关知识与经验，理解各种场景所呈现的具体案例。

世界各地的专家和国家代表认定，评估场景对15岁的青少年而言很有意义，切合实际，容易理解。有些场景模拟教师可能会布置的课堂任务，比如讨论一篇否认气候变化存在的最新报告。另一类场景给学生提供可能会遇到的情境，需要他们运用已掌握的技能。比如，场景可能会要求学生设想有一名刚刚来自另一国家的移民同学，他们的任务是，描述这名新同学会遇到哪些困难。总体而言，评估场景涉及人们会有不同视角的全球议题和跨文化情境。

评估场景提供的任务也需要学生运用所给信息进行推理，分析彼此矛盾的视角，理解沟通差异，评估行为及其影响。比如，要求学生从几个信息来源中选出最具权威性的一个，评估一种说法是否证据确凿，从几篇文本概要中选出最佳的一篇，找出文章有哪些部分散布刻板印象或者做出缺乏依据的归纳，列出针对问题所提的解决方案可能产生哪些影响。

学生问卷

评估的第二部分是调查问卷，获取学生态度、知识和技能的相关信息。问卷要求学生报告他们对气候变化、贫困、贸易、移民等全球议题的熟悉程度，对自己语言和沟通技能的认识，对其他文化感兴趣、具备适应力、尊重其他文化背景者等重要品质的态度。同时，问卷询问学生在学校有无了解其他文化和全球议题的机会。问卷询问学生是否参加弘扬文化多样性的活动，是否参加校外活动，如参与志愿服务、参加社会活动、践行环保习惯等。

此外，PISA 2018 全球胜任力评估对教师和学校领导进行调查，以便更全面地了解在不同国家（地区）学习机会的差异。评估问题涉及各地在多大程度上将全球、国际、跨文化视角融入课程体系、教师培训项目以及课堂活动。除了为各地评估各自做法提供参照之外，该评估也能凸显最佳做法，帮助各地相互借鉴。

若希望了解学生对世界的认知程度，对作为本地和全球社会成员所负责任的认知程度，各学校可对 PISA 的方法（将场景认知评估与学生和教师的问卷相结合）加以调整。但是，PISA 是一项大型国际评估，其主要目标是了解学生的学习进展，而不是为他们的学习提供支持。该评估不能替代课堂和学校层面的全球胜任力形成性评估。

形成性课堂评估

达拉·迪尔多夫（Darla Deardorff）曾担任经合组织 PISA 框架的顾问，现为美国北卡罗来纳州杜克大学国际教育管理者协会执行董事。她与世界各地的教师就全球胜任力评估开展合作。她表示："没有一刀切的做法，具体情况要具体对待。"

不过，她还是有一些总体建议。第一，按照她的说法，要牢记的是，尽管了解世界很重要，但全球胜任力远不止于此。第二，全球胜任力有多重维度，鉴于此，单一衡量标准并不充分。策划评估时，教师应明确具体衡量的是全球胜任力的哪个维度。第三，形成性评估为教师和学生提供全球胜任力培养过程的反馈，比终结性评估更为重要。同时，形成性评估所用评价量规不应仅仅包括高、中、低这样的表现等级，而应具体描述每个等级的表现。

澳大利亚墨尔本附近的埃尔特姆中学已投入四年时间开发评估，以衡量课程体系中包括全球胜任力在内的 21 世纪技能。该校对课程体系加以调整，加强其项目导向性和跨学科性。教师和学校领导希望了解自己的做法是否行之有效。

"以往我们觉得学生的解决问题能力、批判性思维能力和协作能力都在提高，但我们没有数据。"该校的课程体系负责人洛伦·克拉克说道，"我们听说学生参加了大量的小组活动。我们由此推断，他们解决了一些问题，研究过各种复杂问题，不过我们并不确知。"

为了解学生的协作技能，该校找到墨尔本大学的研究人员，他们正开发一个在线项目，能够对使用各自电脑合作解决问题的两名学生进行监测。项目给每名学生提供关于该问题的不同信息；学生利用文字信息互相交流，整合信息，想出解决方案。项目对下列情况进行跟踪：是谁做的决定，他们尝试什么选择，他们怎样找到解决方案，解决方案是否合理。按照克拉克所讲，教师利用评估所得信息，设计需要解决问题能力和批判性思维能力的活动；同时，教师利用这些信息，决定如何对学生进行项目分组。

全球教育中心为世界各地的教师提供专业发展，以便他们推动全球胜任力教育。该中心的教学资源包括一系列学习成果，全球胜任力四个范畴（融入六个核心科目——数学、科学、语文、艺术、社会研究/历史、外语，并用作中小学教育关键年龄层次的评价标准）各自的评价量规。教学资源还包括"我能够……"目标陈述，帮助学生更好地了解所学内容和个人能力。"教师需要易于学生理解和内化的目标陈述，以便学生为学习自负其责，并监测个人进展。"全球教育中心的尼兰·乔杜里（Neelam Chowdhary）说道。

该中心还为教师提供与联合国可持续发展目标相关的十多个全球议题概览。每份概览均包括背景信息、重要问题、深度理解以及表现性评价范例，以便各年龄层次和学习各科目的学生掌握与表现四个范畴的全球胜任力。这些形成性评估和终结性评估真实反映出学生所学内容，以及他们如何运用自己的知识和技能，通过与校外相关公众分享项目、口头报告、视频、艺术作品以及其他活动成果，探究全球议题。

对学生学习进行评估的另一思想来源是《衡量全球公民素养教育：实践与手段汇编》（*Measuring Global Citizenship*

Education：A Collection of Practices and Tools），其中列举出 49 项全球公民素养评估实践，由联合国教科文组织、联合国、华盛顿特区布鲁金斯学会普及教育中心汇集。[7] 这些评估可用来给学生提供学习反馈，给教师提供反映教学效果的信息。仅举一例：可观察学生小组的活动，依照明确的评价量规打分，以此衡量协作技能。教师可监测学生小组如何策划活动，分配角色，在项目合作中对成员给予支持。

同时，教师可利用更传统的课堂评估方式，来判定学生是否已掌握有关全球胜任力的重要概念和理念。

美国弗吉尼亚州教师帕特里克·莫尔斯（他的学生阅读了《我在伊朗长大》）表示，他通过学生的年终论文了解到，学生们懂得了身份认同的性质及其形成方式。"他们完全能够讲清自己对信仰的认识，对个人如何独立于家庭而仍属于家庭的认识，对无论是何种宗教，信仰都面临挑战的认识。"他表示。

印度查谟市教师穆宾·布特（她的学生与学校附近的难民进行了交谈）让学生撰写了一篇论文，论述流离失所这一全球议题，以及如何做一名世界公民。她对学生的成果和收获表示满意。

"我的目标已部分实现：他们了解了难民危机及其在全球的严重程度，而且，现在他们能够辨别难民与移民。"她表示。

墨西哥城地区的教师桑德拉·阿雷东多·罗德里格斯（她的学生对腐败现象开展了调查）让学生在活动之后反思自己对议题的看法，以及是如何产生这种看法的。同时，她让学生们思考团队开展项目的过程，制定目标的方式，与不同社会经济背景的学生合作有何收获，以及是否获得在未来去探究社会或全球议题的动力。

对教师的启示

　　全球教育常被视作在高年级社会研究和外语课程中增设的一组议题。但是，本书所定义的全球胜任力概念远超知识范畴，涵盖技能、态度和价值观。有些学校开设独立课程，聚焦具有全球重要意义的议题，如贫困及其根源、人权乃至气候变化科学。

　　但是，更普遍的做法是，教师力图将全球视角融入现有课程，有时方式为创建交叉课题，然后从每门科目的视角加以探讨。但任何科目或年级的任何教师皆可采取措施，实现课程的全球教育。

　　教师们或许已经在教授全球胜任力的要素而并未意识到。李惠媛（Hye-Won Lee）曾是 PISA 框架开发专家组成员，现为首尔韩国课程与评估研究所的全球教育研究员。她研究来自6个国家十几所学校的教师是如何培养学生全球胜任力的。据她所说，很多教师关心的是，全球胜任力只是他们要教授的另一项内容而已。在与本国教师交流时，她告诉他们，他们每天所教授的韩国全国统一课程已经含有全球胜任力的基本原则。其他许多国家和学校体系虽未实施全国统一课程，但情况也相同。"教师或许并未意识到他们业已在开展全球胜任力教学，因此我们需要帮助他们认识到这一点。"她表示。

全球胜任力教学丝毫没有减弱传统教学科目的重要性。要具备全球胜任力，学生的书面和口头表达需目的明确，令人信服；他们需精通数学和科学，了解历史，欣赏艺术，能够运用科技。将全球视角纳入各个学科有助于让学生更深入地学习，取得更好的总体学习效果。

但是，对具备全球胜任力的学生而言，学科知识和技能并非局限于校内所学而不顾及校外所用。相反，学科知识和技能是手段，用以理解世界，阐释现象，解决问题，提出深度疑问，直击隐蔽的重要真相，让世界变得更美好、和平、有效、平等。[8]

对于培养学生的全球胜任力，每名教师和每所学校兴趣各异，能力有别。对不熟悉全球胜任力理念的教师来说，着手做起和提高全球议题的意识一样简单易行。比如，教师可让学生了解联合国 17 项可持续发展目标，方式为张贴海报、解释各项目标的内容，以及 193 国一致同意追求这些目标的原因。

另一项策略是将范例、阅读任务、重要历史人物乃至传统数学课的一组数据替换至另一国家、文化或背景。

然而，对更熟悉全球胜任力教学的教师来说，则可重新设计课程，以便同时促进学生的学业。

哈佛大学教授、该领域著名专家费尔南多·赖默斯

（Fernando Reimers）表示，无论教师采用哪种方法，他们都应牢记，培养学生的全球胜任力是"严肃且严谨的工作"，不只是开心而已。"通过组织一年一度的校园美食节来庆祝学生的共同传统，我们是培养不出世界公民的。"赖默斯表示，"这样做很开心，但我们并不用这种方式教授物理、三角学、文学或历史。"

在考虑如何实现课程的全球教育时，教师需弄清教授任何课程都可能遇到的问题：

为帮助学生毕业后在相互依存的复杂世界生活，什么论题和技能最重要？

学生从一个单元、一个项目、一次参观或一门课程中究竟会学到什么？

学生如何才能学会预期的知识或技能？

我们如何了解他们在进步？

下述范例勾勒出如何利用各个学科培养全球胜任力。

科　学

全球变暖、海洋污染、病毒传播等众多具有全球重要意义的论题都可轻易融入科学课程。

凯西·博西亚奇（Kathy Bosiak）是美国北卡罗来纳州林肯顿中学科学教研组组长。她在教授关于化石燃料替代品利与弊的一个单元时，让学生开展研究，确定在美国乃至世界范围的何处安装风车和太阳能电池板最为合理。

同时，她利用一个叫 iEARN（国际教育资源网）的数字平台让自己的课程走向国际。iEARN 是非营利性机构，由来自 140 多个国家超过 3 万的学校和青少年组织构成。iEARN 帮助教师和青少年利用互联网及其他新型通信技术开展在线教与学。在全球范围，每天参与协作项目的学生超过 200 万。

博西亚奇设计了一项活动：学生利用普通家用材料，制作太阳能烤箱，通过比赛角逐最优，然后和其他国家开展同样活动的学生分享心得。通过探讨设计的优缺点，学生们学习跨文化交际，学会欣赏他人。

"教师承受巨大的考试压力，有时并未停下来去思考，实际上把全球教育内容融入课程轻而易举。"博西亚奇表示，"新教师往往认为，他们必须一步到位，其实不必。"

数　学

数学是国际语言，因为全世界数学家存在默契。学生也同样可以利用人口增长、经济发展、医疗健康、气候变化等全球重大议题的真实数据学习数学。

统计学可以分析全球相关数据，表明全球财富分配状况，国际贸易模式，在不同国家女性受教育水平与家庭收入之间的关系，或者全球烟草消费与预期寿命之间的关联。在低年级，教师可将数据制成图表，帮助学生认识模式。高年级学生可利用回归、相关、外推，对数据加以分析。

蕾切尔·弗鲁因是美国伊利诺伊州内珀维尔一所中学的

数学教师。她在代数课上以报端新闻为出发点,组织学生用数学手段简要讨论社会公正的议题。有一篇文章报道 EpiPen 肾上腺素注射器(用来治疗严重过敏反应)的价格突然暴涨,激发了一次这样的讨论。她让学生阅读一份图表,上面显示:在 2000 年至 2005 年的数年间,EpiPen 的价格几乎没有变化。她要求学生利用该信息预测目前的价格。接下来,她让学生阅读另一份图表,上面显示:近期该设备价格飞涨。为引发讨论,她询问学生,他们是否认为应允许医药生产商任意定价。

有一份图表对比了一段时期内凶杀率的变化:在纽约,凶杀率一直很低,而在芝加哥则迅速上升,由此引发了另一场讨论。她要求学生在代表两市的曲线上选择一段区间,讨论不同的变化率所表明的具体状况。另一次,针对密歇根州弗林特对铅超标水源进行的水质检测,弗鲁因让学生研究背后的数据。还有一次,针对卢旺达预期寿命的变化,她要求学生讨论其中蕴含的数学知识。

她表示,学生喜欢这些问题,经常要求她设置更多。她并没有为说明一个数学概念而去搜寻社会公正问题,而是从新闻报道所提出的议题出发,将数学融入其中。她用该方法探讨的数学论题包括线性函数、指数函数、开集理解、变化率、数据集比较、统计学、一次方程组、面积、分段函数、三角函数。最后,她给学生提出一个问题以供讨论。她说:"假如现在学生们不运用数学知识进行训练,去理解我们在世界上所遇到的复杂议题,那么将来他们怎么知道如何去做呢?"

语　文

选用外国文学作品的译著是一种恰当的做法，可让学生了解世界各地的生活传统、矛盾对立、历史过往和幸福来源，有助于学生学会欣赏他人的视角和处境。教师可为学生选择同龄年轻人题材的文学作品。正在形成自己身份认同感的青少年可阅读其他文化的成长小说，从而认识到他们正在经历的感受具有普遍性。[9]

建立文学与其他课程之间的关联可加深学生对文化和历史的理解。美国科罗拉多州博尔德市山顶特许中学的学生阅读禅宗僧人的诗歌，并在世界历史课上学习禅宗僧人的历史。[10]

要培养全球胜任力，学生们需具备向各类听众表达观点的能力，需要增强清晰而雄辩的写作能力。学语文的学生应学会以随笔、记叙、论说等各种文体写作。教师往往有自由度，可为学生挑选写作题材。例如，他们可以让学生写议论文，支持全球贸易；写小品文，谈及移民处境；或者写记叙文，讲述家庭为获取清洁用水所遇到的困难。

社会研究与历史

"社会研究与历史"课程提供了许多机会，学生可了解具有全球重大意义的议题。经济学提供了一种分析世界贸易增长的途径。地理的讲授不必以地图、山川、农业和制造业为内容模式，而是可以成为一种了解地形、河流、气候如何影响文化的途径。比较历史课可帮助学生联系世界其他地区同期发生的事件，从而了解自己国家的历史。学习革命史的学生可将1917年俄国革命与1789年法国大革命加以比较。世界历史可按专题讲授，比如，探究人类与环境的互动，文化发展与互动，国家的建立、扩张与冲突，经济制度，社会结构。上述专题有助于学生更好地了解世界的发展规律，从而加强提出解决方案的能力。

视觉与表演艺术

和文学一样，传统与当代艺术、音乐、舞蹈、戏剧也能够轻松吸纳来自每种文化和每个大洲的典范。教师可以让学生们研究贝多芬、尤索·恩多、艾灵顿公爵等众多音乐家的音乐，以此教授韵律；研究文艺复兴时期绘画或中国山水画的透视和色彩，以此教授视觉艺术。学生将了解到，美学既属于特定文化，同时也普遍存在；无论运用何种表现方式，世界各地的艺术家共同探究亲情、失去、爱情、两性、权力等主题。

仅举一例。在阿根廷布宜诺斯艾利斯圣乔治学校，九年级学生开始关注的是，经济全球化正在导致安第斯地区前哥伦布时期的传统音乐、文化和手工艺品的消亡。这一问题激发他们去研究安第斯音乐、艺术和文化。在思考如何延续这些传统之后，他们决定使用再生纸制作安第斯长笛，并利用改造过的安第斯艺术图案加以装饰。同时，他们教流动儿童制作、装饰和演奏笛子，让传统音乐得以传承。

跨学科探究

具有全球重大意义的课题同样适合跨学科教学。比利时的布鲁塞尔曾发生恐怖袭击事件。阿赫诺姆·柯克伯格学校的生源来自附近社区。该校正在教授联合国可持续发展目标，让每个年级分别聚焦一项议题。在整个学年，每班所有 12 岁的孩子都从某个角度探究人权。在学年末，他们组织研讨会，介绍学习收获。

13 岁的孩子探究改善环境的方式；14 岁的孩子考察离婚等贫困的根源，并学习经济学；15 岁的孩子探究文化遗产及其保护措施；16 岁的孩子探究战争、恐怖主义以及构建和平的途径。

"我们希望教师和青少年超越社会现有偏见，以开放的心态，以尊重的态度，以批判性思维参与所有项目。" 学校全球教育协调人莫妮克·塞夫兰（Monique Sevrin）表示。该校是联合国教科文组织联系学校项目网络的成员学校，与该网络的所有学校一样，致力于推广和平理念。

全球胜任力教学

要掌握全球胜任力，学生需要积极投入学习，并有时间和机会进行思考。他们需要培养好奇心和批判性思维能力。他们需要能够运用所学，针对复杂问题制订合理的解决方案。他们需要自信地表达个人看法，同时愿意考虑他人观点。他们需要学会与不同背景和国家的同龄人合作。

为掌握上述技能，学生需要课堂训练，并用之于现实世界的议题。阅读教材、专心听讲、牢记知识点对学习固然重要，但必须有更为积极、更具吸引力的教学做指导，才能培养全球胜任力。

韩国教师李惠媛正在研究各国实施全球胜任力教学的方式。她表示，教学必须"更有互动性，更加民主，更加以问题为导向，更注重探究，更加以学生为中心"。当然，一定的指导必不可少。不过，为了让学生真正具备全球胜任力，在学习上他们需要更多自主性。

哈佛大学的韦罗妮卡·博伊克斯·曼西利亚表示，教师必须"将下列机会纳入日常课堂教学，使之不可或缺：让学生探究世界，从多重视角看问题，参与尊重式对话，采取负责任的行动"[11]。

她表示，教师应采用新型教学法，确保学生真正理解所学知识，而不只是能够按要求复述。"你如果注重培养理解能力，就会精心设计教学。"她说道。

课堂文化

要培养全球胜任力，教师需创建课堂文化，让学生畅所欲言，自由推想，对同学或教师的观点提出异议而不会有失礼之忧。

米克·范·英厄盖姆（Mieke Van Ingelghem）和迪玛·布·穆斯利赫（Dima Bou Mosleh）是比利时鲁汶–林堡大学学院的教师教育者，他们致力于培训教师，提升教师培养学生对所见世事的质疑和评判能力。教师是引导者，激发学生改变世界观。"绝不要满足于学生给出'正确'回答。"范·英厄盖姆说道，"总是要问一问，是否还有另一视角、另一看法、另一解释、另一解决问题的途径，以激发批判性思维。"

在日本，受经合组织支持的创新学校网络也在力图鼓励学生更多地直抒己见，并帮助教师适应这一变化。山田秀夫（Hideo Yamada）是该网络成员学校之一的嘉悦有明初高中学校全球教育负责人。他希望学生们相信他们能够"毫不犹豫地直接向他人表达想法，而不会给任何人造成伤害"。教师不是每项议题的权威，相反，他们正在学会充当"像学生一样的学习者"。

山田表示，日本政府正在鼓励变革，将其纳入更大的一项国家计划，以便把学生培养成为世界公民。据他讲，如今，由于经济全球化以及在其他领域各国之间日益紧密的联系，日本希望学生具备批判性思维能力，增强与其他文化背景者的互动能力。

课堂文化也应反映与全球胜任力相一致的价值观。教师应帮助学生建立强调相互尊重的规范和惯例，同时和学生互动时应率先垂范。教师可通过让学生回答问题、赋予课堂职责、创建项目小组、设计座位安排等，影响学生对彼此的看法。教师可选取多民族、多元文化的相关例证，诠释课程概念和原理，突出不同国家和文化民众所做的贡献。同时，教师也可借助家长（包括移民家长在内）所继承的文化遗产，给课堂注入丰富的多元文化。

要培养像平等这样的价值观，另一重要途径是鼓励人权、人类尊严、文化多样性、歧视等话题的讨论。这种做法无论对大多数人还是对教师而言都有难度。最终，教师或许发现下述做法更加简单易行：讲授民族习俗、饮食、服饰、节日庆典，忽略不公平、非正义、压迫等更具挑战的议题，对多样性仅仅表示认可而已。

此处讲到的众多教学方法可为教师熟练掌握，可用于培养学生的全球胜任力。无论教学方式如何，有助于全球胜任力教育的特定专业学习机会在教师的整个职业生涯都很重要。

结构化辩论

结构化辩论是课堂讨论的一种具体形式，常用于中等和高等教育，以期增强学生对全球议题的认知，提供全球议题的多重视角，同时帮助学生锻炼沟通和论证技能。学生分为正方和反方两组。例如，他们可以就下述断言进行辩论："全球贸易惠及每个人"，或者"贫困不可避免"。

有组织的讨论

一直以来，杜克大学的达拉·迪尔多夫在研究制订一套礼仪规范，用于促进跨文化理解，并可轻易调整，以适于任何课堂。她已经在包括津巴布韦哈拉雷在内的许多教学环境中试用过这套规范。

教师将全班分组，五六名学生围坐一圈。教师，同时也是引导者，让每个学生报出姓名，然后做简短的自我介绍。接下去，每个学生花三分钟或更短时间讲述个人经历：是什么时候以肤色、服饰、语言、宗教或任何其他显著特征为依据初次意识到人们之间存在差异的。别的学生不插话，然后下一个学生继续。每个学生都讲完之后，学生依次花大约15秒说出这些故事中令他最难忘的部分。随后，教师提出一连串探究式问题：这些经历有何共同主题？令我们惊讶之处是什么？我们从中有何收获？

之后，各组聚在一起，进行班级汇报。最后，学生写一篇感想，谈及自己对他人的看法是如何改变的，这一改变将如何影响他们的互动方式。迪尔多夫称，她在世界各地运用了这种教学方法，发现，仅仅组织一次故事圈之后，就可见到学生们在对待同学的看法上出现重大变化。

有组织的讨论可让学生表达分歧、偏见与文化观念。通常，教师会在讨论之前播放一段引发思考的视频短片，展示一张有争议的图片，或者让学生阅读一篇文章，以此激发讨论。教师可预先规定，在讨论期间，学生需征引论据，以支持个人观点；学生应为理解而倾听，避免评头论足或人身攻击。通过在课堂交流看法，学生们了解到，并非总有一个正确答案，他们逐渐懂得为何别人所持观点与自己不同，以及如何做到愿意改变个人想法。

虽然学生应自由提问，畅所欲言，但教师可引导讨论，确保完成学习目标。例如，如果讨论的目的是提高学生的跨文化交际能力，教师可提出引导性问题，比如，导致人们无法有效交流的原因是什么，鼓励学生思考为什么文化多样性可能造成矛盾和误解。

时事学习

实现全球教育的另一常用方法是讨论世界新闻时事，使之与课堂科目建立关联。

塔蒂亚娜·波帕（Tatiana Popa）在东欧摩尔多瓦规模最大、历史最久的中学教英文。她让自己的学生与其他国家母语为英文的学生开展项目合作，希望以此为学生创建练习说英文的真实情境。交谈的焦点往往是新闻时事。

例如，由于当地垃圾场被迫关闭，摩尔多瓦首都基希讷乌和波帕教书所在城市遇到垃圾处理问题。针对该议题，她创建了一个国际项目。作为项目的一部分，波帕让自己的学生与他国学生探讨可行的解决方案。

"我希望学生们懂得：课堂、学校和社区都与世界密切相关，他们是世界公民。"她表示，"而且，世界公民要努力把世界建设成为更美好的家园。"

在比利时布鲁塞尔阿赫诺姆·柯克伯格学校，时事也是日常交谈的话题。"我们告诉教师每天从谈论新闻事件开始，努力把新闻和当天教学相结合。"该校全球教育协调人莫妮克·塞夫兰说道，"我们要通过讲述这些日常现实，让学校贴近学生。"

游戏式学习

哈南·阿勒赫劳伯（Hanan al Hroub）在约旦河西岸埃尔伯拉市的萨米哈·哈利勒学校任教。她组织学生做需要遵守规则的游戏，帮助他们应对宗教和政治冲突的日常现实。她教的是家住难民营的7岁巴勒斯坦儿童。在这里，暴力常会波及学校。"他们感到恐惧和愤怒，不信赖成人，于是利用暴力自卫。"阿勒赫劳伯经由译员谈到自己的学生时说道。

阿勒赫劳伯是在约旦河西岸的难民营长大的，曾因目睹暴力而感到绝望。然而，幸运的是，她上的学校激发了她的才智。借助其藏书丰富的图书馆，她认识了难民营以外的世界。她的经历激励她成为教师，去帮助他人。

她通过教孩子们玩游戏来帮助他们。"这些是集体游戏，学生们要学会寻找解决方案。"她表示，"他们认识彼此，认识自己，学会做团队成员，学会彼此信任。他们喜欢做游戏，而且懂得，要融入团队就必须改变自己的不良行为。"

阿勒赫劳伯继续说道："从游戏中可找到乐趣，这是孩子们上学的原因。他们行动起来，参与活动，表现得积极主动，提出解决问题的方法，心无恐惧地表达观点。最重要的是，学生通过游戏纾解了愤怒情绪，能够跳舞、绘画、唱歌、阅读，感受课堂的自由氛围，无畏无惧地表达所思所感。"

她更大的希望是，学生们学会在一个对他们而言往往残酷的世界里充实地生活。"我们影响世界，世界也影响我们。"阿勒赫劳伯告诉学生，"尽管困难重重，我们仍要在世界上生存。重要的是，学生们在自己的未来都有角色要扮演。"

如今在她的学校，打架事件大为减少，阿勒赫劳伯将其归因于自己的工作，以及其他教师在改变教学和管理课堂方式上做出的努力。作为2016年瓦尔基基金会全球教师奖的获得者，阿勒赫劳伯也影响到其他学校的教师。"我总是讲，我要在学生心中建立希望：明天会大为改观；借助教育，他们可以带来改变。"她说。

项目式学习

项目式学习是培养全球胜任力的一项重要教学手段，适用于各个年级、年龄、议题和主题，一般以小组形式进行，要求学生开展真实项目的合作。为完成任务，学生需要在彼此尊重的基础上进行沟通，管控矛盾，考虑他人视角，提高应变能力。

世界各地的学生可以利用 iEARN 等多个旨在支撑跨文化互动的平台开展项目合作。

全球教育中心采用 SAGE 框架推动项目式学习

■ 学生选择（Student choice）：学生应能够就如何开展项目做出选择，这要求教师明确期望，要求学生为自己的学习负责。教师应给学生选择空间，让他们主导项目，深度参与。

■ 真实体验（Authentic experiences）：项目应提供各种真实体验，即模仿具备全球胜任力的专业人士如何在课堂之外的实际情境中开展项目。

■ 全球意义（Global significance）：项目议题应具有全球意义，即学生通过学科研究将所学知识用于解决实际生活中的相关问题。这将有助于他们培养为解决全球问题而采取有效行动的习惯和动力。

■ 向真实听众展示（Exhibit to a real audience）：学生应有机会把自己所做的工作和学习收获展示给真实听众，后者将提供重要反馈，用于改进工作。

塞思·布雷迪（Seth Brady）在美国伊利诺伊州内珀维尔市一所中学教社会研究。作为 2017 年春季学期的一项期末作业，他让学生在全球背景下研究一项宗教议题。作为研究的一部分，学生要联系一个对研究议题有切身体验的人。接下去，每名学生要创作一件艺术作品、拍摄一部电影、撰写一篇论文、组织一次宣传活动、编写一本儿童读物，或者制作一件其他手工艺品，以此展示自己的学习收获。他们的作品要接受联系对象的评判。

"他们把所学加以提炼，编辑成书，然后获得给目标听众朗读的真实体验，效果非同凡响。" 布雷迪表示。

加藤健一（Ken'ichi Kato）在日本广岛县教育委员会任教。他让学生参加一个名为"青少年伙伴关系"的国际项目，该项目将不同国家的学生通过线上和线下的方式聚在一起。最近，他的学生与印度尼西亚和美国夏威夷的同龄人就社区振兴的议题开展合作。三国学生在项目网站上写下自己的关切，并交流想法。一些学生还去见了印度尼西亚的伙伴。当看到当地生活贫困、清洁用水稀缺时，他们大为吃惊。

加藤说，动身之前，学生们从未太多考虑日本以外的问题。后来，学生不仅开始关注国外，了解国际问题，也更多意识到日本自身的问题。"我们有很多社会问题——人口老龄化，出生人口太少，还有，令人吃惊的是，有六分之一的日本儿童来自贫困家庭。"加藤说道，"过去，我们的学生未意识到这些问题，而现在他们知道，和他们所研究的国家相比，在日本我们或许也面临同样一些问题。他们希望找到改善途径。"

服务式学习

服务式学习需要学生借助课堂所学知识，参与惠及社区的有组织的活动。活动结束后，学生以批判性的方式反思自己深度学习的经历，反思履行公民责任带给自己的感受或者对塑造自己价值观的影响。服务式学习可包括志愿活动，参与倡议活动，或者直接向社区成员提供服务，如辅导孩子、看望老人。

塞思·布雷迪注重将服务式学习与学生的课堂学习相联系。他强调，全球教育常需要学生参与服务式学习项目，帮助他们在所学内容和解决当地问题的行动之间建立关联。例如，学生可帮助清理污染当地河流的垃圾。但是，服务式学习不止志愿服务。作为项目的一部分，学生们也需了解垃圾的来源，思考污染等全球问题的根源。

"他们不仅要了解污染和垃圾来自上游，而且要了解政治因素也会导致法规缺失，当地的分水岭与其他水体相连，垃圾最终进入海洋。" 布雷迪表示，"如果不做指导，如果学生不了解清理河流的原因，不了解背后的问题所在，学习就会有所缺失，就无法实现改变他们的生活习惯这一更宏观的公民目标。"

在肯尼亚内罗毕布鲁布鲁女子学校，环保社团的学生栽植了3000多株树木，使校园变得郁郁葱葱，环境清幽。她们认识到，植树造林有助于保持水土，同时有助于吸收空气中的二氧化碳。她们认识到，即使作为学生，她们也可以产生影响力。为了普及这一想法，女孩子们与肯尼亚和其他国家关注环保问题的学校进行互动，鼓励他们栽植树木。"学生们确实受到活动的鼓舞，对解决其他环境问题产生了兴趣。"该社团的协调教师玛格丽特·基普罗诺（Margaret Kiprono）说道。

基普罗诺表示，栽植的树木发挥了另一作用：帮助学生们培养起一些重要的价值观。女孩子们给自己栽植的树木贴上标签，写明自己希望培养的优点，如坚毅、自律、善良等；在生长过程中，树木让学生牢记自己的目标。

全球胜任力教育的大规模实施

教师领导力

　　教师处于全球胜任力教育的最前沿，是全球胜任力教育真正重要的倡导者和引领者。摩尔多瓦的塔蒂亚娜·波帕利用 iEARN 平台，让自己的学生能够与世界各地的学生开展合作，成为该国首批采用这种教学法的教师之一。她也是该国第一个使用 eTwinning（欧洲 40 国教师之间合作开发课程的平台）的教师。她鼓励自己国家的其他教师也使用该平台，参加网站开设的全球教育职业发展课程。

　　美国伊利诺伊州为学生设立了全球胜任力证书，该州中学教师塞思·布雷迪为此发挥了关键作用。他首先将个人想法告知本地学区，并很快得到认可。之后，他与本州其他教师合作，就学生如何取得该证书拟订方案。

　　他们建议，学生学习八门由地方学区确定、具有全球视野的课程；参加一个具有全球视野的服务式持续学习项目；与另一个有不同文化背景的社区开展合作或对话；完成一个展示全球胜任力的顶石项目（Capstone Project）。

该建议被写入法规，由伊利诺伊州州长签署，在全州范围得到实施。

"教师们曾将这项工作作为重点来推动。"布雷迪说道，"现在成为全州政策，这有助于在全州各地加强对全球教育的重视。"

全校参与

未重视全球胜任力的学校往往认为，他们须从重大变革着手，比如增设课程和活动。增设语言课程，组织学生或教师进行国际交流，或者安排与他国学生、教师或专家之间的视频会议，能够让学校社区成员了解新视角和新文化，激发对更多此类机会的渴望。这些变革固然重要，但还有更具战略意义的启动方式。

按照哈佛大学费尔南多·赖默斯的说法，将全校重点转移到全球胜任力教学的第一步，应该是安排专人或团队负责督导。除少数热烈拥护者外，负责人还要争取更多人的支持，以建立更广泛的基础。

据赖默斯所说，下一步应讨论"我们由此着手的原因"。领导小组需要与他人合作，"树立长期愿景，即我们希望学生开创怎样的世界"，而不只是自己要领导怎样的学校。他补充说，该愿景应激励教师，使其牢记做教师的初衷。

　　这一长期愿景应促成决策，以确定学生需具备的知识、技能和品性，然后考察为培养这些能力而提供的机会。领导小组既应寻找需要更多关注的不足之处，也应寻找亮点——比如项目式学习，经调整可增加国际视野的顶石项目或服务式学习项目，包含学习其他文化的语言教学，教师和学生出国访学的机会。接下去，在教师中集思广益，就"如何将全球胜任力教学系统地融入课程"制订方案。

　　须制订实施方案，明确所需资源以及教师授课所需掌握的知识。须安排相应的职业发展策略，包括提供共同筹划与协作的机会，以充分利用跨学科融合，组建实践社群（Community of Practice）。所有要素一旦到位，应反复实践，定期测评和修正，力图不断改进。

　　确定理想毕业生的标准是着手这些工作的一个有效方式。该标准可作为参照点，为筹划课程类别、教学方式、发展机会提供指导，以便培养植根于本土背景、具备全球胜任力的青少年。全球教育中心推荐了一种类似做法，体现于该中心的全球学校设计（Global School Design），全面勾勒出学校愿景：以全球使命为根基，意在创建培养全球胜任力的校园文化。全球学校设计有30多项具体关键指标，用于衡量学校支持全球胜任力教学的做法和组织工作，为筹划战略变革提供了可用框架。

　　凯瑟琳·科特（Katherine Korte）任教于美国密苏里州马里兰海茨市的帕顿维尔中学，教授"政府与人类学"课程。她在敦促自己的学校将全球胜任力融入每门课程。她对全球胜任力产生兴趣，于是将其纳入自己的课程。同时，她和同组其他教师一道，着手倡导全球胜任力，并利用自己在全球教育联谊

会的所学开展了一些培训。

在一个校内举办的有关拓展和加强项目式学习的专业发展工作坊中，他们有了突破。参与者讨论他们所希望见到的成果，科特提议，将学校昵称——Pirates——改为首字母缩略词，以体现对学生的期望。

她向其他小组成员解释说，"P"代表"为未来做好准备"（Prepared for the future），意思是"学生能够采取创新行动，去解决当地、地区和全球问题，并评估行动所产生的影响"。"I"代表个人（Individuals），他们能够"重视和表达自己和他人对事件、议题和现象的看法，找出促成这些看法的影响因素"。

接着，她依据全球教育中心所提出的愿景，调整措辞，继续解释其他字母的寓意：有抗压力（Resilient），有适应力（Adaptable），有科技创新力（Technologically innovative），有丰富的教育体验（Educationally enriched），最后是有社会责任感（Socially responsible）。

不仅在自己的学校，而且在全学区，科特一直努力宣传全球胜任力的重要性。"全球教育是教育的未来，是当今学生需要的教育，是 20 年前学生需要的教育。"她说道，"这是我所期待的全面教育拓展。"

马尔格雷夫学校位于加拿大不列颠哥伦比亚省温哥华市，是"国际文凭项目"的参与学校，已经在重视培养国际公民。该校通过参与一项新的五年战略计划，希望有更多作为。

"我们希望学生能够成为国际公民，有积极的生活方式，在不同国家和不同文化中能够应对自如。"校长约翰·雷（John Wray）表示，我们希望学生"具备技能、价值观、态度和素质，无论身处世界何地，都能生存、成功、幸福"。

马尔格雷夫学校三年级教师杰米·卡顿（Jamie Caton）曾在世界各地生活，他受到委任，参与团队，争取国际学校委员会的认证。该团队拟出目标，以培养全球胜任力，确保学校所做的每项工作（包括教学计划、教学方法、职业发展课程、课外活动、顶石项目、评估、国际游学机会）都与目标相一致。

卡顿说道："全球胜任力并非外在之物，而是（自幼儿园开始）融入了课程体系的方方面面。"

　　例如，该校的一年级学生在学习蜜蜂的知识时，就去观察校园里的蜂巢，研究蜜蜂在农业中发挥的重要作用，了解由于杀虫剂和其他污染物，蜜蜂种群数量在世界范围内不断减少——这是一种考察具有发展适宜性世界问题的方式。"从幼年起，孩子们就可以在全球背景下批判性地思考所学的一切。"卡顿表示。

　　课堂上学生的多元化是各校应利用的一种便捷资源。在许多学校，学生们操各种语言，带来不同的文化财富，具有国际体验，可丰富讨论，提供议题的别样视角。社区的多样性是另一种往往未能得到充分利用的资源。家庭、由移民经营的本地企业、文化机构以及大学皆可帮助拓展学生对世界的理解。

　　八年来，位于澳大利亚墨尔本的埃尔特姆中学一直致力于创建一套具有严格学术标准的跨学科课程体系，用于培养全球胜任力和21世纪技能。

　　该校教师创建了一套全校课程体系以及一种与之相适应的教学方法。课程体系负责人洛伦·克拉克每次与各学科的三四名教师深入合作，设计具体课程。课程体系探究可持续发展、宜居等议题，以及存在争议的议题，如核能、干细胞研究、世界饥荒、消除艾滋病的资金投入、军费开支与贫困的关系等，教会学生从正反两方面审视问题，利用证据做出明智判断。

　　克拉克表示，精心设计课程、筹划如何实施诚然重要，但同样重要的是付诸行动。"你可以投入所有时间去筹划，不过……只有实际行动起来，才能完全理解课程是如何运作的。"她讲道，"做得越多，计划就会越完善。"

学校领导力

要让上述变革深入人心，得以持续，提供支持的学校领导力至关重要。"倘若校长不支持，就难以推进。"英格兰格洛斯特郡农村地区瓦伊迪恩学校的校长罗布·福特（Rob Ford）表示。

福特深有感触。在20多年的职业生涯中，他一直倡导国际化教育，最初是在一所贵格会私立学校任教，该校的国际化教育久负盛名。后来，他在教授第二次世界大战历史时注意到学生兴趣索然。为了让教材更贴近学生，他利用学校的视频会议设备，让自己的学生和俄罗斯学生取得联系，后者并不知晓英国人曾是他们的第二次世界大战盟友。

福特热爱教学。然而，英国的国家课程体系令他感到压抑。"我认为，我能够以自己希望的方式推动全球学习并影响学校文化的唯一途径就是做一校之长。"他表示。

2015年福特接手时，瓦伊迪恩学校正处于困境。但是和其他公立学校相比，在这里，他拥有更大的自由去实施改革，因为该校在英格兰虽是公立学校，却不受政府直接管理，对课程设置拥有史大的自主权。他和同事们决定推动21世纪学习和全球教育，以激励学生，提升其抱负。如今，瓦伊迪恩学校的学生定期同加拿大、美国、俄罗斯、南非、印度、印度尼西亚以及其他欧洲国家的学生进行交流。学校增设了中文课。经福特批准，学生们去东伦敦（南非城市）实地参观一座清真寺，以便更多地了解伊斯兰教。福特认为，对全球教育的重视是提高学生各科成绩的一个有利因素，原因在于学生对课堂更加投入，学习动力更足。

同时，对国际化教育的重视也加深了该校同本地社区的关系。后者正协助开展多个项目，包括建设一座生态友好型公园，为学校提供本地食品等。

对国际化教育的重视也鼓舞了教师。"教师们希望有使命感，全球学习让他们反思做教师的初衷，讨论学习使命。"福特说道。

位于美国科罗拉多州费尔蒙特的丹佛国际学校是一所新型学校，学生从学龄前到五年级不等，差异很大。就任校长后，瓦妮莎·阿塞韦多（Vanessa Acevedo）的首要任务就是让教师相信，孩子们不仅能够对全球议题进行批判性思考，而且会对此抱有热情。

"有些教师很难想到，普通的二年级孩子能够讨论移民权利或者饥荒问题。"阿塞韦多说道，"对学生的参与程度和了解议题的程度，他们大为意外，惊喜不已。"

丹佛国际学校是丹佛创新学校之一，这意味着较之学区其他学校，该校拥有更多自主权。该校也加入了全球教育中心的国际学习学校网络。但该校仍然要按照科罗拉多州的标准授课，学生要按照这些标准参加全州评估。

学生研究时事，学会欣赏关于时事起因和意义的不同视角。阿塞韦多表示，在按照州标准进行的科罗拉多全州标准化测试中，这些课程帮助一些年级的成绩提升了两位数。

教师给予学生帮助，使其对校内同学和校外遇见的人抱有同理心。"他们学会如何征求和理解他人的观点，如何做个好人，如何以尊重他人而又灵活的方式表达看法。"阿塞韦多说道，"我们希望他们学会与观点分歧者进行友好对话。"

招聘教师时，阿塞韦多希望应聘者具有其他文化的相关阅历，如参加过美国和平队，或者游历广泛。她表示："我希望，你如果来丹佛国际学校，就要热衷于了解世界，或者酷爱游历。"她同时希望应聘的教师了解如何以文化回应的方式开展教学，致力于社会正义和公平。此外，她希望教师时刻关注时事。

她表示，作为校长，自己工作的一个重要部分就是率先垂范，希望教师们做到的，她首先做到。为此，她走入课堂，询问学生们对时事的了解程度，以及对全球议题的学习情况。同时，她与学生们分享个人故事：自己是墨西哥裔美国人，父母在他们十多岁时移民加利福尼亚。阿塞韦多表示，工人阶级出身的父母坚持让她到处游历，去认识世界，若没有这些机会，她不可能成为教师。

"我告诉老师们，我希望这所学校成为自己小时候心目中的学校。"她说道，"我们的目标就是，给学生提供许多教师可能未予重视的机会。当学生听到我的故事，当我告诉学生我为什么致力于我们当前的工作，他们认识到，这样的学校可以改变人生。"

系统领导力

如果全球胜任力明确成为社区、州省、地区或国家整个教育系统的重点，如果这一重点对课程文化、课程设计和教学方式产生影响，则全球胜任力教育所需的根本变革将更有可能成为学校一切工作的必要内容。以下诸例可指引方向。

加拿大安大略省多伦多市

在局长约翰·马洛伊（John Malloy）的领导下，多伦多公立教育局成为努力实现变革的典范。

多伦多公立教育局是北美规模最大的教育局之一，辖有近600所学校，服务近25万学生。马洛伊上任不久，即提出一项"学习愿景"，突出他所称的全球公民素养（与全球胜任力存在诸多相同要素）的重要性。

学生与读写能力、运算能力、数字化流利度等基本技能一起，成为这一愿景的核心。同时，要成为具备全球胜任力的公民，学生需要机会，去参与融创造、探究、创业、合作、领导才能、沟通、性格培养、批判性思维和解决问题于一体的活动。[12]

身为多伦多公立教育局信息技术部客户关系高级总监，凯文·布拉德比尔（Kevin Bradbeer）受委任，去组建团队，使得马洛伊的愿景适宜可行，以便教师在课堂实施。他的做法是，依靠教师及其专长，使其为实现愿景而进行团队合作。

第一年，他招募了100名教师，他们志愿去树立全球胜任力学习范例。教师们以团队合作的形式，树立了25个可在任何年级或科目中开展的学生学习范例。次年，群体扩展到240名教师，他们都被称为"数字化学习引导者"（Digital Lead Learners）。

教师们着手开展的几个项目，使愿景制度化。有些教师为学科组组长或课程负责人等学校领导组织暑期课程，以设计出更多的学生学习范例。第二组教师对这些范例加以研究，找出实施方法，比如如何在三年级数学课上实施。第三组教师着手创制课程需要完成的手工制品。另一组教师则着手在典范课堂上实施这一愿景。

"这是团队工作。"布拉德比尔表示，"如果你赞同全球胜任力教育，那么你的组织工作就应该反映这一点。"

尽管他从事的是科技工作，但该倡议的驱动力却并非科技。相反，他的做法是首先设置学习活动和课程，然后考虑如何利用科技加以实施。

"我们希望利用设计思维，从头学起。"马列娜·里韦特（Marlena Rivett）表示。她负责次年的筹划工作。

里韦特表示，过了一段时间她才理解了这一愿景。但是，当她潜心去研究联合国可持续发展目标以及经合组织的文件时，她认识到该愿景既宏大，又重要。"教师们习惯于领受新任务，适应新方向。"她表示，"但是这一愿景更加宏大。我们都在朝着这个新的重要方向而努力。当你开始以该视角和人们对话时，人们就会认识到这一愿景的重要性。"

布拉德比尔表示，沟通是最大的挑战之一。"很难让人们理解他们所听到的全球公民素养为何物。"他说道，"这与我们一直在做的工作别无两样，还是全然不同呢？"他同时表示，在多伦多这样的大型学区，要实现变革需要时日。较之另一些学校，有些学校正在取得更大进展。

就他而言，布拉德比尔表示，他们正在多伦多采用的循序渐进式的学习和创新做法"可以在世界任何其他学区开展。这是去年的工作，而今年正在制订和实施一项计划。受众人数没有上限"。

美国华盛顿哥伦比亚特区

凯特·爱尔兰（Kate Ireland）担任哥伦比亚特区公立学校的全球教育总监，培养全球胜任力是这里的工作重心。该学区将其做法划分为三项内容：扩充外语课程，通过国外游学项目提供全球体验，将全球学习融入课程体系。

为了给更多学生提供学习外语的机会，该学区将外语教学延长到每周45分钟，从幼儿园持续到五年级；每所中学都开设有外语课程，学生可获两个学分，计入毕业积分。学区制订了一套语言课程体系，将讨论全球议题的机会嵌入每一单元，突出对会话的重视。同时，学区还创造了几个机会，增加教师对全球议题的了解和认知。

学区也创立了一个国外游学项目，为八年级和十一年级的学生提供到其他国家免费游学数周的机会。被选中的学生花四个月时间对要去的国家进行了解，并设计出一个意在研究的问题或议题。

爱尔兰同时负责监管八个"国际文凭项目"和三所"全球学习"学校。在这些学校，教师与来自哈佛大学"零点计划"的顾问合作，主持两周一次的教师职业学习社群，帮助他们将全球声音和视角带入课堂。其目标在于，确定成为一所成功的"全球学习"学校需要什么，以及创设全球学习课程。该学区希望利用这些信息将全球学习纳入所有学校。

爱尔兰表示，该学区任重道远，不过取得了一定的进展。"对于全球胜任力和全球教育的内涵，全学区已达成共识。"她说，"对我而言，这是巨大的进步。"

她表示，有些教师持谨慎态度，因为他们认为，全球胜任力无非是涵盖于课程中的另一项课题，而不是适用于所有科目的视角。"我们需要向教师们表明，这不只是另一项内容，从某种程度上说是他们已经在做的工作。我们希望他们认识到，这可以成为他们加强学生参与度和提高学习效果的强有力手段。"

在三所"全球学习"学校，教师们正在通力合作，将全球胜任力融入整套课程体系。爱尔兰表示，教师们正在创建学习任务，汇集学生学习的相关范例，撰写课程计划。这些学校的教师将作为代表，在全区范围分享他们的工作经验。"如果我们能够让全球教育成为每名学生的学习体验，我们就可以切实带来改变，帮助所有学生从小就做全球公民。"她表示，"教师领导者才是我们成功的关键所在。"

新加坡

在建国后的最初 30 年，新加坡的学校一味注重传统模式的学业成绩。尽管有过几次重视批判性思维的努力，但在所有科目中，学生仍要大量背诵。然而在 1997 年，新加坡的政治和教育领导人意识到，世界在发生变革，为培养学生走向未来的能力，教育体制必须与之相适应。

他们创立了一个名为"思考型学校，学习型国家"(Thinking Schools, Learning Nation) 的项目，以 21 世纪技能为重心，所带来的结果是，"突出创造性思维和批判性思维技能的教学，削减课程内容，更新测评模式，更加重视教与学的过程，而不是结果"[13]。

自此，新加坡对国家课程体系进行了数次修订，最终发布了由教师集体编制的《新加坡学生 21 世纪技能和目标框架》（Framework for 21st Century Competencies and Student Outcomes）。该框架超越了知识层面，涵盖价值观、社会与情感学习，以及沟通、合作、批判性思维等技能。

新加坡希望学生"有自信，有强烈的是非观，有适应力和抗压力，有自知之明，有判断力，有独立思考能力和批判性思维能力，能够有效沟通"[14]。

同时，该框架强调，学生应是自主学习者，"去质疑、去反思、锲而不舍"。他们应有创新精神，积极主动，甘冒风险，"追求卓越"，与团队密切合作。最终，他们应成为"关注社会的公民"，"视自己为新加坡人"，具有"强烈的公民责任感"，了解国家和世界，"积极参与改善他人的生活"。其中许多技能与本书给出的全球胜任力定义一致。

新加坡之所以成为培养学生全球胜任力的领跑者，其原因在于该国在数十年中为实现目标所做出的努力。新加坡的学校、教师、决策者、研究人员都支持这一愿景，即学生具有为社会和国家的进步而学习的动力，了解全球议题和新加坡的世界地位，为日益互联的未来做好准备。

为实现这一愿景，教师和决策者数次审核和更新国家课程体系，探索新型教学法，修订教师培养方案，考察学习环境，更新测评方式，增设旨在培养这些技能的新型课程和活动。

为保证教育质量，新加坡的决策者一直在总体把控战略方向、课程体系以及资源分配。但是，在过去的 30 年里，教师和学校得到更多自主权，可回应学生的各种需求，也得到更多自由，去实施国家课程体系。同时，也达成了共识，即对这些技能的重视会强化，而不是削弱知识习得和学业成绩。

新加坡实现其教育愿景的进展并非总是一帆风顺，而且教师和决策者认为他们并未达到目标。然而，这个国家的努力既规模宏大，又富有启发意义，其他教育系统和国家若加以研究将从中受益。

资源整合

正如本书所讲，世界各地的教师和学校清楚地意识到，为自己，也为人类尊严、和平与繁荣，有必要培养学生的全球胜任力。同时，他们正在探索各种途径，去开展这项重要工作，有时依靠个体力量，但往往依靠同事、学校系统、学校网络、非政府组织以及政府的支持。

在有些方面，知识、技能、态度和价值观等全球胜任力构成要素的培养目标与学校实现任何其他系列目标所需条件并无重大差异。首先，学校和教师要明确使命，明确所希望看到的世界。其次，他们要明确学生开创这一世界所需的技能。接下去，教师需要在学校和系统领导的支持下，编制课程，确定相关教材和教学方法。同时，教师需要明确学生展示技能的方式，衡量具体技能的手段，以及成功的表现。最后，教师要愿意依据实情，不断更新和改进工作。

要做到这一点，教师需有专业学习机会，以助其改变教学方式，将全球胜任力融入其中。通过师资培养项目以及在职专业发展，教师可了解全球议题以及合作、解决问题、欣赏不同视角等技能的教学方法。教师需要在传授学科知识的同时，掌握这些技能的教学方法。样本课程、课程方案、在线合作平台，以及由关注全球胜任力的教师组成、正在迅速扩展的网络，都能够帮助教师应对这些挑战。包括全球教育中心在内的各家机构正在开发可在世界范围内利用的在线职业发展机会以及合作平台。这是给所有教师提供获取这些资源的途径，给他们提供所需支持，以改变教学方法、课堂、学校，最终改变学生。

在教育政策层面，经合组织 PISA 2018 全球胜任力评估的结果可提供丰富的依据，用于了解各国（地区）在培养具备全球胜任力的青少年方面所拥有的优势与面临的挑战。这些结果可影响到加强全球胜任力教学的未来政策变化，包括培养教师队伍加强全球胜任力教学的能力。

全球胜任力教育充满挑战，需要时日。但是有了目标和投入，培养学生的全球胜任力就完全成为可能。只要将其列为工作重心，只要愿意投入多轮次无间歇的改进工作，就可以取得进展。

为所有学生培养全球胜任力的努力如果失败，后果将不堪设想：浪费资源，挥霍机会，最终耽误人生。但是，成功的收益将不可估量，而且激动人心的是，将逐代累增。

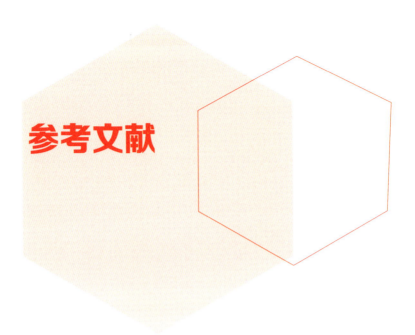

参考文献

1　Melati and Isabel Wijsen, "Our Campaign to Ban Plastic Bags in Bali", TEDGlobal London, September 2015, https://www.ted.com/talks/melati-and-isabel-wijsen-our-campaign-to-ban-plastic-bags-in-bali.

2　*Maastricht Global Education Declaration: European Strategy Framework for Increasing and Improving Global Education to 2015*, Europe-wide Global Education Congress, November 17, 2002, http://lapas.lv/biedri/files/resources/13901692895614-gegs-app1.pdf.

3　Veronica Boix Mansilla and Anthony Jackson, *Educating for Global Competence: Preparing Our Youth to Engage the World*, Asia Society and Council of Chief State School Officers, 2011, https://asiasociety.org/files/book-globalcompetence.pdf.

4　*Preparing Our Youth for an Inclusive and Sustainable*

World: The OECD PISA Global Competence Framework, OECD, 2018, http://www.oecd.org/pisa/Handbook-PISA-2018-Global-Competence.pdf.

5 "Sustainable Development Goals", Sustainable Development Knowledge Platform, Division for Sustainable Development, United Nations, https://sustainabledevelopment.un.org/.

6 Ibid.

7 *Measuring Global Citizenship Education: A Collection of Practices and Tools*, Center for Universal Education at Brookings and the Youth Advocacy of the Global Education First Initiative of the United Nations, April 2017, http://www.brookings.edu/wp-content/uploads/2017/04/global-20170411-measuring-global-citizenship.pdf.

8 Ibid.

9 *Going Global: Preparing Our Students for an Interconnected World*, Asia Society, 2008, http://asiasociety.org/files/Going%20Global%20Educator%20Guide.pdf.

10 Ibid.

11 Veronica Boix Mansilla, "How to Be a Global Thinker", *Educational Leadership*, December 2016.

12 John Malloy, "Unleashing Learning: A Vision for Learning in TDSB", April 19, 2016, http://www.tdsb.on.ca/Portals/0/AboutUs/Director/docs/UnleashingLearning-April19.pdf.

13 Jennifer Pei-Ling Tan, Elizabeth Koh, Melvin Chan,

Pamela Coates-Onishi, and David Hung, *Advancing 21st Century Competencies in Singapore*, Asia Society, February 2017, http:// asiasociety.org/sites/default/files/2017-10/advancing-21st-century-competencies-in-singapore.pdf.

14 "21st Century Competencies", Ministry of Education Singapore, April 16, 2015, https://www.moe.gov.sg/education/ education-system/21st-century-competencies.

　　书中所述观点和所用论据未必代表经合组织成员国或亚洲协会的官方意见。

　　本书内容及所含数据、地图均无损于任何领土的地位或主权，无损于国际边界的划定，无损于任何领土、城市或地区的名称。

立体阅读

《为全球胜任力而教——在快速变革的世界培养全球胜任力》

有针对性的全球胜任力教学资源与案例，帮助教师轻松备课

加入教师微信群，与志同道合的伙伴共成长

"30+"推荐专业文献与精选书籍，了解最前沿的学术研究成果与实践现状

及时更新的课程信息，助力教师实践全球胜任力教学

如果你想读懂、读透这本书，请关注"向日葵国际教育"微信公众号。
回复"全球胜任力教学"获取立体阅读服务。

详情咨询：向日葵管家（微信号：xhdjtjy）
邮　　箱：nc-jtjy@xhd.cn

向日葵国际教育——培养具有全球胜任力的中国青少年